DEUX ET DEUX FONT QUATRE, OU LE SAVETIER DE CHARTRES,

COMÉDIE EN UN ACTE, MÊLÉE DE VAUDEVILLES.

Par les Cens C. G..., D. T... et Bonnin;

Représentée la première fois sur le Théâtre des Troubadours, le 29 Nivôse, au 8,

Et sur celui de Montansier - Variétés, le 1.er Floréal de la même année.

A PARIS,

Chez { Le Libraire qui est au théâtre Montansier - Variétés.
Huet, Libraire, rue Vivienne, N.° 8, près celle Colbert.
Hugelet, Imprimeur, rue des Fossés-Jacques, N° 4.

AN VIII.

PERSONNAGES.	ACTEURS.
DUMONT, père, Md de commestibles.	Les cit. S. LÉGER.
DUMONT, fils.	LEGER.
JAVOTTE, vieille Servante de Dumont.	Mme REMY.
PIERRE, Savetier.	Le cit. TIERCELIN.
BABET, Garde de la femme de Pierre.	Mlle DELISLE.

Le Théâtre représente une place publique, d'un côté la boutique de Pierre, qui tient un quart du théâtre; de l'autre est celle de Dumont, sur laquelle est écrit : PATÉS DE CHARTRES, VINS ET LIQUEURS. *Sur celle de Pierre, on y lit l'inscription suivante :*

PIERRE, RESTAURATEUR DE L'HUMAINE CHAUSSURE,
SAIT RÉPARER DU TEMPS L'IRRÉPARABLE INJURE.

Il est environ cinq heures du matin et très-petit jour.

Par une cession légale, en date du 4 Pluviôse, an 8, les Auteurs de cet ouvrage ont abandonné tous leurs droits au cit. TIERCELIN, qui, seul, peut en percevoir les rétributions par-tout où cette Pièce pourra être jouée.

DEUX ET DEUX FONT QUATRE,

OU LE SAVETIER DE CHARTRES,

COMÉDIE MÊLÉE DE VAUDEVILLES.

SCENE PREMIERE.

DUMONT fils, *seul, un chapeau sur sa tête et un manteau, regardant à une fenêtre de la maison de Dumont, qui donne sur la place ; il est sur la scène au lever du rideau.*

Voici l'heure à laquelle j'ai donné rendez-vous à Javotte, et elle ne vient pas; quel tourment! si elle avoit de bonne nouvelles à m'apprendre, elle seroit déjà descendue..... aussi comment ai-je pu espérer que mon père se chargeroit d'un enfant qu'il ne sait pas m'appartenir? puisque jusqu'à présent je lui ai fait un secret de mon mariage. Ah! quelle imprudence à moi de l'avoir conclu sans son aveu!

Air : *de Molière à Lyon.*

Ses tendres soins, son amitié
Méritoient plus de confiance ;
On ne peut jouir qu'à moitié,
Lorsque l'on tait sa jouissance:
Pourquoi faut-il que mon bonheur
Pour lui soit encore un mystère?
Ah! comme il pèse sur le cœur
Le secret qu'on cache à son père!

Mais j'entends du bruit! c'est sans doute Javotte. Enfin je vais savoir à quoi m'en tenir.

SCENE II.

DUMONT, JAVOTTE.

DUMONT, *vivement.*

Eh bien! ma bonne Javotte, qu'y a-t-il de nouveau? conte-moi ce qui s'est passé; je veux tout savoir; à quelle heure mon père est-il rentré? a-t-il vu l'enfant ? il l'a trouvé joli, n'est ce pas ? ....

JAVOTTE *l'interrompant.*

Eh mais mon dieu ! comme vous y allez. On diroit que vous n'avez parlé de quinze jours ; laissez moi donc le temps de me reconnoître.

DUMONT.

Eh bien ?

JAVOTTE.

Eh bien ! tout s'est passé comme nous en étions convenus.

DUMONT.

Bon.

JAVOTTE.

J'ai mis l'enfant dans son berceau là sur la porte d'entrée.

DUMONT.

A merveille !

JAVOTTE.

Et moi tapie dans ce coin que vous voyez, j'attendois que votre père rentrât chez lui.

DUMONT.

Achève.

JAVOTTE.

Il a apperçu notre marmot tout de suite.

DUMONT.

Sans doute il l'a bien caressé, il a si bon cœur !

JAVOTTE.

Ah ! pour ça, c'est bien vrai ; aussi dès qu'il a vu de quoi il s'agissoit.....

DUMONT.

Quel bonheur ?

JAVOTTE, *prenant le ton brusque du père.*

Qu'est-ce que c'est que cela ? qu'il a dit.

DUMONT.

Quoi ! de ce ton ?

JAVOTTE.

A peu-près.

DUMONT.

Je n'ai plus d'espoir.

JAVOTTE.

Attendez-donc, je me suis trouvé là, comme par hazard.
» L'aimable créature, ai-je dit, mon dieu, mon dieu, qu'est-
« ce que ça va devenir ? voyez donc que c'est dommage ! »

AIR : *de Renaud-d'Ast.*

Pauvre petit qu'il est joli
Pauvre petit comme il sourit,
Oh ! c'est un petit ange ;
Voyez comme il s'anime !
Oh ! vraiment, il est accompli
Oh ! oui, oh ! oui, oh. oui.
Oui, c'est un petit ange.
Plaignez, plaignez son sort affreux,
Non, ce n'est point le fruit du crime,
Mais d'un hymen trop malheureux
Dont on craint d'avoner les nœuds,
Il est l'innocente victime.
Pauvre petit, ect., ect.

DUMONT.

Et mon père ne s'est pas laissé fléchir.

JAVOTTE.

Savez vous ce qu'il m'a répondu ? (*brusquement.*)
« Que m'importe à moi : ne faudroit-il pas que je nourrisse
» tous les enfans du quartier? »

DUMONT.

Tu me déchire le cœur !

JAVOTTE.

Et bien pas du tout ! c'est que ça a fini le mieux du monde. V'la que dans le milieu de notre conversation, le marmot s'est mis à pleurer, mais à pleurer comme s'il y entendoit malice, je me suis attendrie et l'attendrissement a gagné votre père, et tout en grondant il a emporté l'enfant qu'il a mis dans sa chambre.

DUMONT.

Je reconnois bien là son caractere.

JAVOTTE.

AIR : *l'Avez vous vu ?*

Toujours bourru, toujours grondeur,
Il s'agite, il tempête.

DUMONT.

Qui le connoît sait que son cœur
Calme toujours sa tête.

JAVOTTE.

D'un rien il s'irrite il se plaint,
Mais sitôt qu'il voit qu'on le craint,
Plus de courroux,
Un mot de nous
Dissipe le nuage.

DUMONT.

Le beau temps nous paroît plus doux
S'il vient après l'orage.

Ah ça ! bonne Javotte, tu auras bien soin de mon Adolphe ?

JAVOTTE.

Comme s'il m'appartenoit, quoique le ciel m'ait refusé les douceurs du mariage, je sais dieu merci comme il faut s'y prendre pour élever des enfans. -- Eh, d'ailleurs faut-il donc se marier pour s'y connoître.

AIR : *Vaudeville des Visitandines.*

Fruit d'un hymen de circonstance,
A peine un enfant voit le jour,
Qu'il arrache à l'indifférence
Les soins que lui devoit l'amour.
Ah ! si chez nous le nom de père
N'est souvent qu'un titre emprunté,
Plus d'une femme en vérité (*bis*)
A des enfans sans être mère.

DUMONT.

Sur-tout prends bien garde que mon père ne vienne à découvrir le secret de sa naissance.

JAVOTTE.

Il faudra pourtant qu'il finisse par l'apprendre, pourquoi ne lui en point faire l'aveu ?

DUMONT.

Jusqu'à présent je n'ai pu m'y décider, je craindrois qu'une déclaration trop brusque ne me fit perdre son estime et sa confiance ; mais pour disposer son cœur sensiblement à l'indulgence j'ai eu l'idée de faire élever Adolphe sous ses yeux.

JAVOTTE.

Ah ! j'entends.

DUMONT.

S'il s'attache à lui, s'il prend intérêt à son sort, peut-être qu'un jour en faveur de l'enfant, il oublira la faute du père ; mais j'ai besoin d'être secondé et je compte sur toi.

JAVOTTE.

Vous me rendez justice.

DUMONT.

J'apperçois de la lumière dans la chambre du voisin Pierre ; si on nous voyoit ensemble, cela paroîtroit extraordinaire, je me retire.

JAVOTTE.

Mais attendez donc que je vous éclaire, on ne voit pas à votre pas.

DUMONT.

Oh! je connois mon chemin; sans adieu Javotte.

(*Dumont s'en va, Javotte rentre par la porte par où elle est entrée.*)

SCENE III.

PIERRE, *seul, rangeant sa boutique.*

METTONS-NOUS à l'ouvrage: mon escabelle, mes outils, et mon livre en face; comme ça m'est avis que je pourrai lire en travaillant. -- Ça prouve bien que c'ti là ne sait ce qui dit, quand il dit qu'on ne peut faire deux choses à la fois, ça se voit pourtant tous les jours.

AIR:

Maint fat qui s'écoute en parlant,
Guerrier qui se bat en chantant;
Auteur qui déchire en rimant;
Lecteur qui le juge en dormant:
Femme qui trompe en carressant.
Usurier qui vole en payant.
Voilà comme sur la terre
Ou par hazard, ou par choix,
Chacun prouve qu'on peut faire,
Plus d'une chose à la fois.

C'est un fier livre que celui-là!

(*La Civilité puérile et honnête.*)

Comme ça vous développe un jeune homme, et puis qu'on dise que je ne m'occupe pas de l'éducation de mes enfants à venir... dam! c'est qu'il est bientôt temps d'y penser au moins. Ma pauvre Perrette sentoit déjà ce matin des... des.... Comment donc que l'on appelle ça?.. des... des mouches..... c'est drôle des mouches (*il rit.*) ah! ah. ah!

AIR: *de la Fanfar de Saint Cloud.*

Une femme est une mouche,
Qui finement nous séduit;
Sur son visage une mouche,
Souvent pour cela suffit:
Quand elles ont une mouche
N'allez pas; pauvres époux,
Sottement prendre la mouche,
L'enfant est toujours à vous.

J'vas donc être bientôt godard... ah! ah! ce n'est pas l'embarras, moi, je ris de tout ça et, pourtant la fortune, c'te déesse des quinze-vingt, commence à me tourner le dos; j'ai déja plus de dettes que d'avoir; je tombe dans l'arrièrée. Mes créanciers me poursuivent et comme dit c't'autre j'aurai beau leur porter des bottes je n'aurai pas de quartier: allons, allons, faut s'étourdir là dessus. *(Il fredonne l'air du bastringue ou celui des bourgeois de Chartres.)*

SCENE IV.

BABET, PIERRE.

BABET, *accourant en criant très-fort.*

MAITRE Pierre! maître Pierre! maître Pierre!

PIERRE.

Et bien voyons, vous me suffoquez, Babet c'est y fini?

BABET.

AIR: *de la Fustemberg.*

Comment vous raconter? Pierre,
L'heureux évènement
Qui dans ce moment
Vous donne le nom de père.

PIERRE.

Conte moi donc ça promptement.

BABET.

D'abord, la pauvre Perrette
Qu'un tel moment inquiète
Pâlit, rougit,
Pleure, gémit.
Et me boulverse tout l'esprit;
Elle appelle son époux
Car ce qu'on aime, voyez-vous,
Plaint mieux notre peine secrette.
La douleur s'en va
Mais malgré ça
Quel mal on a?
Pour vous faire papa.

PIERRE.

V'là donc que je le suis; comme ça vous chatouille agréablement l'cœur, Il faut que j'aille faire mon compliment à ma femme.

BABET, *l'arrêtant.*

Mais vous n'y pensez pas, attendez donc un instant qu'elle soit remise un peu; eh bien, oui! il y a de quoi lui faire une revolution.

PIERRE.

PIERRE.

T'as raison : mais c'est que je grille de vaquer à l'amour paternel. Quelle joie ça va faire dans toute la famille!... à propos de famille; moi qui ne pensoit pas à faire avertir le parrain... Babet?... Babet... va vîte chez le cousin Ledru....

BABET.

J'y suis.

PIERRE.

Tu passeras aussi chez la commère Briquet, la marchande d'amadou, qui a son inventaire sous le premier parapluie dans le marché... à main gauche en entrant.

BABET.

Je la connois.

PIERRE.

Ce n'est pas tout, tu passeras à l'état civil pour l'acte de naissance, tiens v'là de quoi payer tu marchandras b'en : entends-tu? n'te laisse pas gourer et sur-tout ne prends pas de mauvaises pièces.

BABET.

Soyez tranquille. *(Elle s'en va.)*

PIERRE.

Mais écoute donc; et les commestibles que nous oublions; les commestibles! *(Il lui donne encore de l'argent.)*

Air: *Aimé de la belle Ninon.*

Il faut encore de l'argent
Pour cet article d'importance;
Plus d'un ami, plus d'un parent
Voudront chez-moi faire bombance;
Je les vois en foule accourir
Pour fêter mon fils ou ma fille
Il en coûte cher pour nourrir
La tendresse d'une famille.

Allons va toi-zen chez tous ces gens là, tu leur dira que ma Perrette est accouchée comme un coup de pistolet et que l'enfant. (*Se ravisant*) A propos de l'enfant, est-ce un garçon?

BABET.

Certainement, et qui se porte comme un charme encore.

PIERRE.

Tiens, c'est drôle, j'avais dans l'idée que ce seroit une fille, bien plus c'est que je l'aurois parié.

BABET.

Eh bien vous auriez gagné.

PIERRE.

Comment, tu me disois que c'étoit un garçon.

BABET.

Vraiment oui, un garçon et une fille.

PIERRE.

Comment deux enfans à la fois?

BABET.

Eh non! mais c'est égal; je leur conterai tout comme ça s'est passé, au plus juste. (*Elle veut s'en aller.*)

PIERRE *la rattrapant.*

Dis-donc, dis-donc, dis-donc Babet, un instant; sais tu bien que v'là qui dérange la thèse. Ah! mon dieu, mais comme ça me bouleverse.... laisse moi un peu faire mes réflexions.

BABET.

En ce cas je remonte chez Perrette.

PIERRE.

Oui, mais tais-toi je t'en prie, tais-toi si tu peux.

BABET *en s'en allant.*

Que je me taise! moi qui suis toute la journée assise sur une chaise sans desserrer les dents, pouvez-vous me recommander une chose comme ça?

SCENE V.

PIERRE, *seul, revenant.*

VOYEZ donc un peu, si ce n'est pas jouer de malheur? quel événement pour la ville de Chartres? deux enfans. Ma Perrette n'en peut pourtant nourrir qu'un, avec quoi donc j'éleverai l'autre, ce que c'est que le sort!

AIR: *Fidèle époux ect.*

L'hymen est une loterie
Où chacun veut avoir un lot,
Un enfant vient et je parie
Aucun pere ne dit c'est trop
Mais hélas! dans cette aventure
Pour moi le hazard à trop fait,
L'ambe me sort et je le jure
Je n'avois joue que l'extrait.

Ça prouve b'en ce que j'ai toujours dit moi, (qu'il n'y a pas d'endroit, non il n'y a pas d'endroit où il se passe des choses plus extraodinaires que dans le monde,) car enfin, pourquoi cet enfant de trop me vient-il plutôt qu'au voisin Dumont, qui est bien plus en posture peur le nourrir... puisqu'il tient un commerce de commestibles.. Mais.,. (*rêvant*) mais... est-ce qu'il n'y auroit pas quelques moyens... Oui, quelques moyens pour redresser ce hazard là?... Si par exemple je pouvois amener le voisin Dumont à se charger, pendant quelque temps, d'un de mes enfans que je mettrois là... Allons fi donc, mauvaise pensée que ça; jamais, jamais je ne le veux perdre de vue.... Vraiment il seroit dans c'te maison là comme un coq-en-pâte.

(*Il regarde la maison de Dumont, et lit:* PATÉS DE CHARTRES.)

Et moi quand j'aurai ramassé quelques économies je le retire de pension et je rentre dans ma race.

Excellente idée ma foi, qui me vient là; il ne s'agit plus que de savoir lequel des deux je prêterai; le garçon me conviendroit bien, je lui apprendrois mon métier, et si le bonheur... oh dam! un coup du ciel... oui, si le bonheur vouloit qu'il mordit au cuir, voilà son état fait... mais d'un autre côté, c'te p'tite fille qui m'auroit fait tant d'honneurs parce qu'enfin c'te demoiselle qui seroit jolie... on m'voit passer dans la rue, ah bonjour monsieur Pierre et tout ça pour ma fille; il me semble que j'là vois briller dans ce comptoir au milieu de c'te marchandise.

Quel embarras! ce que c'est que d'être pauvre!... il faut que je consulte ma Perrette, elle a de la tête et je verrai ce qu'elle me dira, parce qu'enfin il faut toujours prévenir sa moitié et puis en même temps j'vas y faire acheter un cornet de castonade de deux sols, que je mettrai ben infuser dans une pinte d'eau, ben délayer ça et ça lui fera du bien, ça la remettra oui; il faut toujours avoir des attentions.

(*Il sort, et un peu auparavant Javotte ouvre la boutique de Dumont père, qu'on voit écrivant à sa table.*)

SCENE VI.

DUMONT père, JAVOTTE.

JAVOTTE.

Vous voilà levé plutôt qu'à l'ordinaire

DUMONT, *d'un ton brusque.*

Est-ce qu'il m'a été possible de dormir avec ce maudit enfant, qui m'a étourdi toute la nuit par ses cris.

JAVOTTE.

Mais mon cher maître calmez-vous.

DUMONT.

Que je me calme, que je me calme. lorsqu'on me fait un pareil cadeau, un enfant qui vient je ne sais d'où....

JAVOTTE.

On sait dans toute la Beauce que vous avez de l'aisance.

DUMONT.

De l'aisance; en a-t-on aujourd'hui avec un commerce qui ne va pas?

JAVOTTE.

Et puis tout le monde dit que vous avez un si bon cœur.

DUMONT.

Raison de plus pour en abuser n'est-ce pas?

AIR : *Si Pauline est dans l'indigence.*

La bienfaisance à sa mesure
L'argent donné ne produit rien.

JAVOTTE.

C'est le placer avec usure
Que de savoir faire le bien. (*bis*)

DUMONT.

Oui, d'un bon cœur chacun abuse
On fait toujours à chaque pas,
Des mécontens si l'on refuse
Et si l'on donne des ingrats.

Aussi je n'y serai plus attrapé, et si je m'en croyois, je prendrois ce maudit enfant et je... dis-moi a-t-il tout ce qu'il lui faut?.. as-tu veillé?

JAVOTTE.

Vous voilà bien! vif, mais bon; emporté, mais généreux; convenez que cette petite créature est charmante?

DUMONT.

Sans doute, et c'est ce qui me fâche, je ne veux pas l'aimer moi cet enfant, et je suis d'une colère......

JAVOTTE.

Eh bien pourquoi l'avez-vous recu?

DUMONT.

Pourquoi je l'ai recu? comment peut-on faire une pareille question; falloit-il le laisser périr de besoin ou de faim sur ma porte? faut-il compter maintenant sur la pitié publique?

JAVOTTE.

Il est encore quelques âmes bienfaisantes.

DUMONT.

Oui la bienfaisance! voilà le grand mot. On n'entend plus parler que de philantropie, de secours, d'hospices projetés...

Eh bien en est-il moins de malheureux? — charlatanisme que tout cela!

AIR : *On compteroit les dimans.*

Pour des ballons pour des concerts
On trouve de l'argent en France,
Pour entendre de mauvais vers
On paye cher une séance ;
On ferme sa bourse au malheur,
Pour ses plaisirs on fait des dettes,
L'indifférence est dans le cœur
L'humanité . . . . dans les gazettes.

Je suis bien aise pourtant que ce pauvre petit ne soit pas à l'hôpital.

JAVOTTE.

En ce cas, cessez de crier et nourrissez-le !

DUMONT.

Qu'il aille à tous les diables ! — ah bien oui le nourrir ! c'est ce que me dit aussi monsieur mon fils, le beau donneur de conseils. Non, mon parti est pris, je ne veux pas que cet enfant passe la journée chez moi.

JAVOTTE, *à part.*

Ah ! mon dieu !

DUMONT.

Je ne le veux pas, je ne le veux pas, et je ne le veux pas.

JAVOTTE.

Vous allez donc l'exposer encore ?

DUMONT.

Je ne dis pas cela ; mais morbleu je veux savoir à qui il appartient, la ville n'est pas grande, et je vais prendre des informations. — Adieu.

JAVOTTE.

Et si vous ne découvrez rien ?

DUMONT.

Ma foi tant pis pour le marmot... je le... ayes-en bien soin Javotte ?

JAVOTTE.

Fiez-vous à moi.

DUMONT.

Informe-toi aussi dans le quartier .... questionne les voisines... Le maudit enfant... puisse-t-il ... je l'entends qui crie... Tu reste là ... mais vas donc . . . va donc voir ce qu'il lui faut.

JAVOTTE.

Quel homme vous êtes ?

DUMONT.

Non, ces choses là ne sont faites que pour moi.

(*Il sort précipitamment.*)

SCENE VII.

JAVOTTE, BABET.

JAVOTTE, *à part.*

Quel caractère! tous les jours de nouvelles scènes; d'honneur, je ne conçois pas comment j'y reste. Qu'on est donc malheureuse d'avoir un cœur sensible. (*Elle pousse un soupir.*) Mais il faut bien prendre son parti. — Allons, profitons de son absence pour ranger un peu cette boutique.

BABET, *en entrant, à part.*

Il y a de la brouille dans le ménage. — C'est un tapage, qu'on ne s'entend pas .... mais je me garderai bien de les mettre d'accord. ... me mêler des affaires d'autrui, fi donc, fi donc! ...

(*appercevant Javotte.*)

Ah! voici la voisine Javotte.. C'est une curieuse, une médisante: elle voudroit peut-être savoir ce qui se passe chez Pierre... mais je ne m'y fie pas, je ne m'y fie pas.

JAVOTTE, *à part.*

C'est la commère Babet; tenons-nous sur la réserve.

BABET.

Ma voisine je vous souhaite le bon jour et votre santé! comment donc, si matin à l'ouvrage?

JAVOTTE.

Il le faut bien voisine. (*à part.*) Quelle bavarde.

BABET.

Ce n'est pas que je veuille savoir ce que vous faites, dieu merci je ne suis ni curieuse ni indiscrète.

JAVOTTE.

Et vous faites bien voisine.

BABET *à part.*

Ah! comme elle est prude et revêche. (*haut*) Je ne crains pas qu'on m'accuse d'être la gazette du quartier... Je vois tout, j'entends tout et je ne dis rien. Et pourtant dans mon état on sait plus d'un secret de famille ... On voit des choses fort extraordinaires. Témoin ce matin. Mais je n'ai garde d'en sonner mot.

JAVOTTE, *à part.*

Ce matin... Peut-être sait elle? Voyons. (*haut.*) Voisine, tous ces secrets se réduisent à un enfant qu'on n'attendoit pas, sans doute?

BABET.

Justement, Vous y êtes. Comme vous devinez !

AIR : *De Marianne.*

Duo.

De deux enfants la femme à Pierre
Est accouchée en même temps.

JAVOTTE.

Que je plains cette pauvre mère,
Comment à la fois deux enfants ?

BABET.

Un gros garçon, puis une fille,
Et point d'argent pour les nourir.

JAVOTTE.

Les malheureux ! cette famille
De faim bien-tôt va donc mourir ?

BABET.

Ça, ne soyez pas indiscrète,
A votre tour dites tout.

JAVOTTE.

Vraiment, vraiment,
Moi je ne suis pas indiscrète
Je dirai tout certainement.

BABET.

Parlons, parlons.

JAVOTTE.

Parlons, parlons.

BABET.

Pierre n'a pas une pratique ;
Déjà pour dette on le poursuit.

JAVOTTE.

On le poursuit !

BABET.

Oh ! je le vois, demain sans bruit
Il faudra qu'il ferme boutique.

JAVOTTE.

Mais vous n'êtes pas indiscrète
On le voit bien, c'est par bonté.

BABET.

C'est par bonté.

JAVOTTE.

C'est par bonté.

ENSEMBLE.

C'est par bonté.

BABET.

Votre maître.

JAVOTTE.

Lui! toujours il gronde.

BABET.

Oui j'entends bien (*bis*) il a l'humeur triste et sévère

JAVOTTE.

Il n'est pas aisé de lui plaire.

BABET.

Oui, oui c'est un homme colère
Qui n'est jamais content de rien.

JAVOTTE.

Il n'aime pas que l'on babille (*bis*)

BABET.

Il a raison ; peste il ne faut
Jamais pardonner ce défaut ;
Mamzelle Javotte, le bon dieu nous garde
De certaines femmes qui matin et soir
Qui parlent (4 *fois.*) de tout sans savoir.

JAVOTTE *à part.*

Oh oui ! elle a raison.

BABET.

Mais ça n'empêche pas de dire.

JAVOTTE.

Mais ça n'empêche pas de dire

BABET.

Que votre maître est fort sévère.

JAVOTTE.

Oui, que mon maître est très sévère.

BABET.

Il n'aime pas que l'on babille.

JAVOTTE.

Il n'aime pas que l'on babille.

BABET.

Il a raison, ect. ect. ect.

JAVOTTE.

Qui parlent, qui parlent de tout sans savoir.

ENSEMBLE.

ENSEMBLE.

BABET.	JAVOTTE.
Mamzelle Javotte,	Ma chère voisine,
Le bon dieu, ect.	Le bon dieu, ect.

(*Après le duo on entend la voix de Pierre qui appelle Babet.*)

BABET.

Ah! mon dieu, voilà qu'on m'appelle; pardon ma voisine, mais votre aimable société m'a fait oublier que j'ai mille choses à faire; votre très-humble servante. (*Elles se font une grande révérence.*)

JAVOTTE, *à part.*

Quel mauvais ton!

BABET, *à part.*

Quel air précieux, cette femme ne me revient pas du tout. (*Elle rentre chez Pierre.*)

SCENE VIII.

DUMONT père, JAVOTTE.

DUMONT.

QUELLE est cette femme qui causoit avec toi?

JAVOTTE.

C'est la garde de la voisine qui vient d'accoucher.

DUMONT.

La femme de Pierre?

JAVOTTE.

Précisément, le pauvre homme est bien embarrassé.

DUMONT.

Que lui est-il donc arrivé?

JAVOTTE.

Deux enfans à la fois et c'est beaucoup pour lui qui n'est pas à son aise.

DUMONT.

Deux enfans. (*à part*) Si c'étoit lui? (*haut*) Mais es-tu bien sûre de ce que tu me dis là.... y a-t-il long-temps qu'elle est accouchée?

JAVOTTE.

Mais je crois ... hier matin.

DUMONT, *à part.*

La chose est claire. (*haut*) Javotte.

JAVOTTE.

Monsieur.

DUMONT.

Je parie que c'est Pierre qui a exposé cet enfant ce matin sur ma porte, qu'en penses-tu?

JAVOTTE *interdite.*

Ce que j'en pense ... il est possible, mais pourtant. (*à part*) Ah! mon dieu....

DUMONT.

Eh bien?

JAVOTTE.

Dam! je n'ai rien vu.

DUMONT, *la regardant avec sévérité.*

Vous me trompez, je veux savoir ce qui en est?

JAVOTTE.

Je vous assure.

DUMONT.

Quoi, vous osez soutenir.....

JAVOTTE.

Je ne dis rien.

DUMONT.

Ah! vous convenez donc enfin que j'ai raison.

JAVOTTE.

Je ne prétends pas que monsieur ait tort, mais cependant...? (*à part*) Je ne sais que lui dire.

DUMONT.

Oui, cherchez à vous excuser. -- Il est indigne d'abuser ainsi de ma confiance.

JAVOTTE *à part.*

En voilà bien d'une autre! vous allez voir que ce sera ma faute?

DUMONT.

Allez me chercher cet enfant.. que je le rende moi même à son père.

JAVOTTE.

Mais mon cher maître si vous vouliez m'entendre?

DUMONT, *sèchement.*

Allez, vous dis-je.

JAVOTTE *à part.*

Ah mon dieu... mais qui auroit dit que ça auroit tourné comme ça?... allons avant tout avertir notre jeune homme de ce qui se passe.

(*Elle fait semblant de rentrer dans la boutique et sort par la Place.*)

SCENE IX.

DUMONT père, *se promenant avec précipitation.*

Le malheureux ! abandonner ainsi ses enfans : non il n'y a plus de mœurs.

Air : *Jeunes amans cueillez des fleurs.*

Vantez moins, orgueilleux mortels
Votre raison qui vous égare ;
Des animaux les plus cruels
L'instinct est cent fois moins barbare,
Sous un ciel brûlant ou glacé
Le sauvage a l'ame moins dure
Mais plus d'un homme est policé
Plus il est loin de la nature.

Encore s'il étoit venu me trouver ? s'il m'avoit exposé sa peine, son embarras ! ai-je jamais refusé de rendre service aux malheureux .... mais surprendre ainsi ma bonne foi, non ; c'est un procédé que je n'oublirai jamais.

Voyez un peu si Javotte descendra ? (*il appèle*) Javotte, Javotte.. elle ne repond pas ! je crois en vérité qu'ils se sont donné le mot pour me contrarier aujourd'hui. (*il rentre dans la boutique.*)

SCENE X.

PIERRE, BABET, *portant un enfant dans une barcelonnette.*

BABET.

Le pauvre homme ! s'il savoit que dans ce berceau, il n'y a qu'une poupée que j'ai mise à la place de son enfant. — Mais chut !.. c'est un secret entre moi et Perrette, il ne faut pas qu'on dise que Babet est une bavarde.

PIERRE.

Jai eu fièrement de peine à décider ma femme. C'est qu'elle a voulu m'entraver ... mais j'ai déployé mon ascendant naturel sur son esprit ... et dieu merci la v'la dissolue à me laisser faire. — Ce n'est pas l'embarras ; quel cœur que ça ne saigneroit pas de se séparer de c'te petite fille qui ne se doute de rien, car elle est là etendue dans son berceau ....

(*il fait un gros soupir.*)

C'est dur de faire rentrer la sensibilité ! voyez, comme ça porte aux yeux. (*il essuie une larme.*)

Pauvre humanité ! — Dieu merci ! le voisin Dumont n'est pas dans sa boutique, et du moins je ne serai vu de personne. (*douloureusement*) Allons, v'la l'instant du sacrifice. — Babet, donne-moi mon sang, que je l'embrasse.

BABET.

Ah bien oui? faire crier c'te p'tite fille... et qu'est-ce qui l'appaisera ensuite ....

PIERRE, *lazzis qui témoignent la crainte et le remords.*

Tu as raison. (*à l'enfant*) Je ne te quitte pas .... non je ne te quitte pas, n'ayes pas peur.

SCENE XI.

LES MÊMES, DUMONT père, *à la fenêtre.*

DUMONT, *à part.*

Mais où donc est Javotte? (*il apperçoit Pierre*) dieu me pardonne, je crois que le bourreau m'apporte l'autre ; scélérat. --- Le monstre ... ah! je vais l'arranger de la bonne manière !

(*Il descend, Pierre pose l'enfant sur la porte de Dumont.*)

PIERRE.

Fais sentinelle, Babet, que personne ne nous surprenne.

BABET.

Vraiment, n'allez vous pas vous amuser ici, le tems presse.

PIERRE, *tremblant.*

Encore faut-il... que je puisse... Ah mon dieu, v'la qu'est fait, rentrons vite dans la boutique.

DUMONT, *portant une barcelonnette.*

Ah! je vous y prends donc cette fois.

PIERRE, *à part.*

O ciel, je suis perdu !

DUMONT.

C'est donc toi, malheureux, qui viens exposer tes enfans à ma porte? n'as-tu pas de honte !

PIERRE, *à part.*

Je suis tout saisi.

BABET, *à part.*

V'la une dispute qui s'engage, allons vite raconter à Perrette ce qui se passe.

DUMONT.

Ce n'étoit pas assez de m'en avoir fait prendre un hier au soir ?

PIERRE.

Moi ! un enfant hier au soir.

DUMONT.

Oh ! j'ai des preuves.

PIERRE.

Le ciel est là qui sait la vérité, et il peut dire que c'est la première fois que cela m'arrive.

DUMONT.

Peut-on mentir plus effrontément, tiens puisqu'il te faut convaincre... reconnois-tu cet enfant ? (*Il lui montre celui de son fils.*)

PIERRE.

Il n'est pas à moi.

DUMONT.

Tu les prendras pourtant tous les deux.

PIERRE.

Ah ! bien par exemple ! mais vous n'y pensez pas citoyen Dumont.

DUMONT.

Tu les prendras, te dis-je, et sur le champ, ou je te dénonce aux Magistrats.

PIERRE.

Mais c'est le diable qui s'en mêle. --- écoutez donc,.. mais écoutez donc...

SCENE XII.

DUMONT père, DUMONT fils, JAVOTTE, PIERRE.

DUMONT fils, *accourant.*

Mon père, cet enfant.

DUMONT père, *à son fils.*

Vas-tu t'en mêler aussi, toi ?

PIERRE, *à Dumont père.*

Laissez moi donc parler !

DUMONT père.

Je ne veux rien entendre.

DUMONT fils.

Mais mon père, encore une fois.

PIERRE.

Mais citoyen Dumont....

DUMONT père *à Pierre.*

Allons, finissons ...

PIERRE.

Puisque je vous dis qu'il n'est pas à moi.

DUMONT fils, *fermement.*

Non, il n'est pas à lui.

DUMONT père.

A qui donc? morbleu!

DUMONT fils.

Eh bien... il est...

JAVOTTE, *l'interrompant brusquement et s'adressant au père.*

A vous... ne l'avez-vous pas adopté hier?...

DUMONT père.

Bah! bah!

DUMONT fils.

Non, mon père... Sachez....

DUMONT père *à son fils.*

Ça ne te regarde pas. (*à Pierre.*) Père dénaturé, père barbare.

PIERRE.

Moi, père barbare!

DUMONT fils.

Mais c'est moi... c'est moi.

DUMONT père *à son fils.*

Veux-tu bien te taire? (*à Pierre*) Malheureux, obéis ou je te fais arrêter.

PIERRE, *pleurant.*

On ne traite pas si durement son prochain.

DUMONT père.

C'est ma manière. (*il force Pierre à prendre l'enfant qu'il tient.*)

PIERRE.

Eh bien, elle n'est pas gentille votre manière.

JAVOTTE, *à Dumont fils*

Contenez vous donc... vous vous perdez.

DUMONT fils, *à Javotte.*

Tu as raison. (*à Pierre*) Allons, mon ami.

PIERRE.

Tout le monde s'en mêle ... mon dieu ... mon dieu .., qu'est-ce que je vas donc devenir. — en v'la trois à présent ... trois!

(*Il pleure et tient sous chaque bras un berceau.*)

DUMONT père, *à son fils.*

Il perd la tête... je lui ai cependant parlé doucement. (*Brusquement*) mais exposer ses enfans.

DUMONT fils, *à son père.*

S'il n'a pas de quoi les nourir.

DUMONT père, *d'un ton moitié brusque moitié sensible.*

Tu crois ... oui ... c'est vrai ... ce n'est pas sa faute tiens... glisse lui cette bourse dans sa poche sans qu'il s'en apperçoive.

(*Dumont fils met la bourse dans le berceau sans être vu de Pierre et entre dans la boutique de son père en faisant un signe d'intelligence à Javotte qui rentre avec lui.*)

DUMONT père, *à Pierre.*

Allons voisin, il ne faut pas vous désespérer.

PIERRE.

Non, j'dis il n'y a pas de quoi peut-être ... mettez vous à ma place quand je vous assure.....

DUMONT père.

Allez-vous recommencer ... adieu. (*Il sort.*)

SCENE XIII.

PIERRE, *Seul.*

C'est-il pas guignonant!

Air : *Est-il rien sur la terre?*

Malgré moi je suis père,
Bon dieu quel triste sort,
L'eau va-t-à la rivière.
L'proverbe n'a pas tort
Drès qu'on est malheureux
On est jamais heureux.

(*Pendant la scène, Babet met les deux enfans de Pierre, sur la table, dans sa boutique, de manière qu'il les voye en rentrant.*)

BABET *dans la boutique.*

Ici du moins ils n'empêcheront pas leur mère de dormir.

PIERRE, *entrant chez lui.*

Eh bien donc, est-ce que je rève? (*il se frotte les yeux*) mais non je ne me trompe pas ... en v'la encore deux ... c'est fini, c'te paternité là m'achève..... le ciel veut ma mort.... eh bien il l'aura... V'la le désespoir qui me gagne. --- Je le sens qui monte, qui monte ... toujours dans la même jambe; ah mon dieu! j'ai déjà un pied et demi dans l'éternité... (*il met le pied dans le trou du souffleur.*)

Profitons de mes derniers moments pour faire mon testament. — D'abord en bon chrétien je donne mon âme à dieu, il n'est plus accoutumé à ces petits présents. — Et ça lui fera plaisir. — Mon mobilier maintenant. Je lègue :

AIR : *de La pipe de tabac.*

Mon échoppe aux gens de mérite,
Mon fil aux faiseurs de romans,
Ma poix à plus d'un parasite.
Mainte oreille à nos courtisans ;
Ma mesure à nos jeunes braques.
Toutes mes formes aux plaideurs,
Aux huissiers deux paires de claques,
Et mon alene aux orateurs.

Maintenant, il faut que je fasse mes adieux à ces petites créatures. (*Il prend la poupée*) Ah ! bon dieu... comme elle est pâle c'est le coquemar je parie. (*Il regarde de plus près*) Eh mais, est-ce que j'ai la brelue, dieu me pardonne... c'est une poupée. Comment donc qu'elle se trouve là ! est-ce que ma femme ! (*se ravisant*) v'la le fait c'est un tour qu'elle m'a joué. Oui... mais reste à trois... et ceux là j'dis sont bien de chair et d'os. (*Il trouve dans le berceau la bourse.*) Tiens, une bourse... et bien calée. --- La drôle d'aventure... pour le coup, v'la de l'argent qui me vient bien à propos. (*Se ravisant.*) Et un instant donc, est-ce que le diable me tente ! c'est-il donc à moi c't'argent là ? pas plus que c'tenfant. Allons, allons, le bien mal acquis ne profite jamais. --- C'est le voisin Dumont je gage.... courrons vîte le lui rendre, j'aurait oujours le temps de mourir après, si ça me fait plaisir. Gnia rien qui mène à ça comme une bonne action.

SCENE XIV.

PIERRE, DUMONT fils.

DUMONT, *à part.*

Enfin je suis parvenu à calmer l'humeur de mon père, tâchons maintenant de mettre le voisin dans mes intérêts. Justement le voici. Ah ! c'est vous mon voisin ?

PIERRE.

Comme vous dites, citoyen, pourroit-on dire un mot au papa Dumont ?

DUMONT.

Seroit-ce encore pour l'affaire de tantôt ?...

PIERRE.

Précisément.

DUMONT.

Il faut excuser sa vivacité, auriez-vous de la rancune ?

PIERRE.

De la rancune ? ah bien oui. --- Dans notre famille nous n'avons pas plus de fiel que des moutons.

DUMONT.

Eh, dites moi cet enfant....

PIERRE.

C'est pour ça que je viens.

DUMONT.

Lui seroit-il arrivé quelque malheur ?...

PIERRE.

Au contraire, d'puis qu'il est déménagé il dort à faire envie.

DUMONT.

De quoi s'agit-il ?

PIERRE.

Il s'agit que ma conscience me galoppe ; tenez voyez-vous c'te bourse là ?

DUMONT.

Eh bien ?

PIERRE.

Je l'ai trouvée dans le berceau du marmot, et je voulois demander à votre père s'il sait à qui elle appartient !

DUMONT, *à part.*

Le brave homme ! (*haut*) je trouve vos scrupules déplacés, car enfin si c'étoit le pere de l'enfant qui....

PIERRE.

Laissez donc ! est-ce que l'on expose son enfant quand on a de quoi le nourir.

DUMONT.

Des raisons particulières...... un mariage secret ont pu l'y forcer et puis... espérant trouver une famille honnête qui en auroit soin, il étoit naturel de reconnoître ce service.

PIERRE.

Comment, vous croyez qu'il y a de ça ?

DUMONT.

A sa place j'en aurois fait autant.

SCENE XV.

LES PRÉCÉDENS, DUMONT père.

DUMONT père, *à part.*

MON fils avec Pierre, que peuvent-ils avoir à se dire?

PIERRE.

Avec tout ça, v'la toujours un marmot qui me tombe des nuës, sans que je sache seulement son nom.

DUMONT fils.

Qu'importe son nom?

PIERRE.

Oui, mais du pain, un état! au surplus ce n'est pas ce qui m'inquiète moi, car après tout, je ne suis pas obligé de le garder.

DUMONT, fils, *inquiet.*

Quoi, vous voudriez l'abandonner?

PIERRE.

Dam! mettez-vous à ma place.

DUMONT fils, *très-vivement.*

Il est si intéressant..... tenez Pierre; si vous le gardes, je suis caution qu'il ne vous sera point à charge, mon père le prendra peut-être en amitié.

PIERRE.

Laissez-donc, c'est un salpêtre que cet homme là.

DUMONT père, *à part.*

Que veut dire ceci?

DUMONT fils.

Au contraire, il a le cœur excellent.... et puis le voisinage vous serviroit admirablement!

PIERRE.

Le voisinage!

DUMONT fils.

Oui, tenez, l'enfant joue là sur cette place.... mon père l'examine.

PIERRE.

Je vous vois venir.

DUMONT père *à part.*

Quel soupçon!

DUMONT fils.

Cet enfant lui fait amitié!

PIERRE.

C'est tout naturel.

DUMONT fils.

Il a bien soin de lui souhaiter sa fête.

PIERRE.

La Saint Claude, n'est-ce pas?

DUMONT fils.

De le caresser.

PIERRE.

Ça va sans dire.

DUMONT fils.

De l'appeler.

PIERRE.

Son bon papa.

DUMONT fils.

Excellente idée.

DUMONT père *à part.*

La chose est claire.

DUMONT fils.

Mon père s'intéresse à son sort, il le prend avec lui.

PIERRE.

Là il ne mourra pas de faim; les commestibles.....

DUMONT fils.

Le mystère de sa naissance se découvre.

PIERRE, *etonné.*

Bah!

DUMONT fils.

Ses parens se nomment.

PIERRE.

Est-il possible?

DUMONT fils.

Et mon père apprend.....

DUMONT père, *à son fils.*

Que vous êtes un mauvais sujet.

DUMONT fils, *à part.*

Ah ciel! je me suis trahi.

PIERRE.

Tiens, le papa qui nous écoutoit.

AIR: *des Trembleurs.*

Fils ingrat, fils téméraire,
Craint l'effet de ma colere.

PIERRE.

Ah! bon dieu quel air sévère.

DUMONT fils.

D'un fils écoutez la voix.

DUMONT père.

Le voilà donc ce mystère
Que tu cachois à ton père
Il prouve assez bien j'espère
Que tu rougis de ton choix.

DUMONT fils

Non, mon père, ma femme est aussi vertueuse que belle, vous cacher mon hymen fut un tort, je l'avoue, mais la crainte.

DUMONT père *à son fils, du ton le plus brusque.*

La crainte..... la crainte, beau prétexte pour faire des sottises; est-ce que je veux qu'on me craigne? non... morbleu, je suis bon.... je suis doux.... et je veux qu'on m'aime. (*A son fils.*) Sors de ma présence malheureux. (*A Pierre.*) C'est par méfiance que cet ingrat plonge une femme dans l'inquiétude et la prive de son enfant.... c'est par méfiance qu'il compromet le sort de son épouse et de son fils.

DUMONT fils, *aux genoux de son père.*

Mon pere!

DUMONT père.

N'espère pas me fléchir. — Tu t'es marié sans mon consentement; cela peut se pardonner, mais tu as douté de mon cœur. -- C'est ce que je n'oublierai jamais. Pour te punir. (*à Pierre.*) Pour le punir... j'adopte (*un moment de silence*) sa femme et son fils, ils auront seuls ma tendresse, ils apprendront à m'aimer, ils seront reconnaissants... Oui, Pierre, votre femme nourrira cet enfant, j'aurai soin des vôtres, et nous verrons, si l'on se méfiera encore de ma bonté.

PIERRE.

V'la ce qui s'appelle une fière vengeance.

DUMONT fils, *baisant la main de son père.*

Ah! ma joie est trop vive pour laisser place à des regrets. Javotte! Javotte! mon père m'a pardonné.

PIERRE.

L'heureuse catastrophe! Babet! Babet! (*à part.*) Il faut que ma femme sache ça tout de suite.

SCENE XVI & dernière.

TOUS LES ACTEURS.

JAVOTTE, *accourant.*

C'EST y bien vrai, que je le remercie!

BABET, *très-rapidement.*

Qu'est-ce que c'est donc ça? du contentement, de la joie, de la satisfaction, du bonheur, ah! mon dieu! moi qui croyois que ça finiroit mal. (*à Pierre.*) Vot femme dort, mais qu'est-ce que je lui contrai? je ne sais rien. Vous êtes d'accord, n'est-ce pas? cela se voit, comment? je l'ignore; eh! qu'importe, plus de chagrin, plus d'embarras, plus de caquet dans le voisinage, tout le monde est content, ça vaut mieux. Motus sur-tout ceci, mamselle Javotte, motus; il ne faut parler de cela à personne, parce que vous entendez bien, il y a des mauvaises langues qui enveniment tout, qui font des *si*, des *mais*, des *car* et puis les *micmacs* les *cans cans*... ah! mon dieu, nous n'en finirons pas, il faut nous taire ma voisine, il faut nous taire et je vous promets que je donnerai l'exemple.

PIERRE.

Ben du contraire, le bonheur ne sait pas garder le silence; tenez voisin, s'il y avoit des cloches j'voudrais les faire carillonner toutes pour annoncer la promotion de nos quatre marmots, il n'y en a plus, c'est tout d'même, j'savons des r'frins je les chanterai et vous ferez chorus

DUMONT père & fils.

Bien volontiers.

PIERRE.

Attendons; c'est que je ne sais pas si je men souviendrai... diantre, si j'allais rester court devant la compagnie ça ne seroit pas honnête, il faut qu'j'en fasse avant une repétition.

RONDE.

AIR: *c'est le gros Thomas.*

Le berger Alain
A quatorze ans aimoit Fanchette,
V'là qu'un beau matin
Allant pour cueillir la noisette.
Il entend sa voix,
Il la trouve dans l'bois....
Ah! mamselle, qui lui dit, v'la un hazard bien heureux,

j'étais tout seul, nous v'la deux... eh! bien pourquoi donc que vous vous en allez ?

Il ne faut pas rester seulette.
Écoutez moi belle Fanchette;
Que craignez-vous tant,
Je suis un enfant.

Peu d'instans après
Fanchette devint moins farouche,
Le berger plus près
Lui dit si mon amour vous touche,
Sur ces verds gazons
Ensemble.... jasons....

Je le veux bien; de quoi parlerons-nous. — De quoi...umh... umh... umh?... de mariage. — je ne sais pas ce que c'est.

Quand je le demande à ma mère,
Elle dit que c'est un mystère,
C'est triste vraiment
D'être encore enfant.

Vlà les deux enfans
Qui cherchent gaiment à s'instruire,
Le dieu des Amans
S'approche d'eux et les admire,
Le couple charmant
L'appelle en riant

Viens, petit ami (*dit Alain*) viens te mettre entre nous deux, tu n'es pas de trop et tu tiens si peu de place.

Ne crains rien ma chère Fanchette,
Avec lui faisons la causette,
Il n'est pas méchant,
Ce n'est qu'un enfant.

Et puis les v'la qui causent, qui causent, qui causent, c'étoit un plaisir.

En sortant du bois
Fanchette inquiète, et rêveuse
Leur dit restons trois
Si vous voulez q'je sois heureuse;
Mais l'amour malin
Lui répond soudain....

Pas d'ça mamselle, je n'aime pas l'nombre impair, voyez-vous; et je veux que celui qui nous comptera dans quelques mois dise:

Ils n'étaient que trois ensemble
Quand l'aut' jour ils causoient ensemble,
Mais de puis ce temps
Ils sont quatre enfans.

FIN.

Pièces de Théatre qui se trouvent chez HUGELET, *Imprimeur, rue des Fossés-S.-Jacques, n° 4, à Paris.*

AMANS PROTHÉE (les) Vaudeville en un acte, du cit. PATRAT.
CAFÉ DES ARTISTES (le) Vaudeville, par les cit. ***
COMPLOT INUTILE (le) Comédie en trois actes, du cit. PATRAT.
DEUX ET DEUX FONT QUATRE, Comédie, mêlée de vaudevilles.
DEUX TABLEAUX PARLANT (les) Com. du c. BERNARD-VALVILLE.
ENROLEMENT SUPPOSÉ (l') Vaudeville en un acte du c. MIGNANT.
EPICIERE BEL-ESPRIT (l') Comédie, par les cit. G*** et B***-V***.
EPREUVE PAR RESSEMBLANCE (l') Comédie en vers, du cit. GOSSE.
FEMMES POLITIQUES (les) Comédie en trois actes, du cit. GOSSE.
FRANÇOIS ET ROUFFIGNAC, Comédie en un acte, du c. PATRAT.
GILLES VENTRILOQUE, Vaudeville, par les cit. G***, A***, V***.
GONDOLIER (le), Comédie en un acte des cit. SÉGUR aîné et ****.
M^r DE CRAC A LA VILLE, Comédie en un acte du c. D'EGLINY.
REVE (le) Opéra en un acte, du citoyen ETIENNE.
VENGEANCE (la) Comédie en un acte, du citoyen PATRAT.

De l'Imprimerie de S.-A. HUGELET, rue des Fossés-Jacques, N° 4, division de l'Observatoire.

www.ingramcontent.com/pod-product-compliance
Ingram Content Group UK Ltd.
Pitfield, Milton Keynes, MK11 3LW, UK
UKHW020222180726
13838UKWH00005B/2137

9 782329 353951